CD Book

たにぞうの

ぼくの

おひさまパワー

谷口國博 著

チャイルド本社

日常のすてきな風景を 歌って遊べる楽しい曲にしました

谷口國博

ぼくは信州の松本で生まれ育ちました。

ぼくの夏の原風景の中に、入道雲とセミの声があります。
おとなになって、はじめて夏に沖縄に行ったとき、その現地のセミの声にびっくりしました。というのは、セミの声がまったく違うのです。ぼくが、聞いていた「ミーンミンミンミンミンミーン」というミンミンゼミの声ではなく、「ジュワジュワジュワジュワ……」という、まるで地面が太陽で焦がされたような、クマゼミの声だったのです。

あらためて、日本は広いもんだ！と思いました。

と同時に、私たちは同じ日本にいながら、各地でみんないろんな音を聞きながら原風景として記憶しているのだと気がつきました。なにげなく日常で響いている音が、実は大切な私たちのもと（原風景）をつくっていたのです。

今回のCD-BOOKにはこんな日本の原風景を入れてみました。
４月のあわただしい保育から始まって、仲間と少しずつかかわっていく様子をイメージしながら、保育のお手伝いができるように考えました。そして、普段保育の中でたくさん遊んでもらえるように、シンプルで覚えやすい、あそび、ダンス、ゲームを入れました。
ぜひ、子どもたちとにぎやかで幸せな時間をつくっていただきたいと思っています。

このCD-BOOKを作るにあたり、たくさんの方々に協力していただきました。
皆様、本当にありがとう！
そして、このCD-BOOKを手にしてくださった皆様、本当にありがとう！
たくさん遊んで、皆様に

「ハピネスカムカム！」

たにぞうの楽しい歌遊びを作る
遊びとダンスの仲間たち

わくわくするような遊びやダンスがいっぱい　榎沢りか

みなさんこんにちは。

このCD-BOOKでは、聞いているだけで思わず体が動きだしてしまうような楽しい曲に、さらに子どもたちがわくわくするような遊びやダンスを付けました。いろいろな季節の曲に合わせて踊って、よりダンスを身近なものに感じてもらえたらうれしいです。

そして多くの子どもたちや保育者の方が笑顔になってくれたらいいなと思っています。

ぜひ、普段の保育に、また1年を通じていろいろな行事にと、たくさん使ってみてください!!

プロフィール 東京家政大学卒業。幼児期から器械体操を学び16歳よりダンスを始める。都内クラブ・イベントなどに多数出演。現在、オフィスたにぞうヒップホップ教室（スマイル・キッズ）のチームリーダーとして子どもから大人まで幅広い方々にダンスを指導。そのほか、たにぞうCD、キングレコード、コロムビアミュージックエンタテインメント振り付けなど幅広く活動中。

気持ちいい汗をかいて、レッツダンシング!!　笠井ちひろ

この「たにぞうのぼくのおひさまパワー CD-BOOK」は、季節を感じながら、年間を通して楽しんでいただけます。おにやだいくさん、カウボーイから宇宙人まで!?　楽しい世界と曲がいっぱいです。振り付けを通してさらに一曲一曲を楽しんでもらえたら嬉しいです。思い切り体を動かして、なりきりながら、楽しんで踊ってみてください。声を出して踊るとさらに元気がパワーアップ!!　気持ちいい汗をかきながら、子どももおとなもみんないっしょにレッツ・ダンシング!!

プロフィール ダンス専門学校卒業後渡米。ニューヨークで本場のダンスを学ぶ。帰国後はクラブ・イベントなどに多数出演。オフィスたにぞうにて子どもから大人まで幅広い方々にダンスを指導。そのほか、たにぞうCD、コロムビアミュージックエンタテインメント、キングレコードの振り付けなど幅広く活動中。

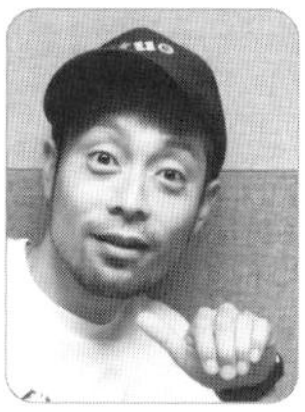

子どもたちと、そして保育者同士でも楽しい！　福田りゅうぞう

ぼくが保育園に通っているころ、担任の先生は絵がすごく上手でした。その先生に、ぼくは毎日絵を描いてもらっていました。先生はみんなきっと自分の得意技をもっているんですよね。子どもたちはそんな先生が大好きになって、先生の周りに自然と子どもたちの輪ができて、そして毎日園に通うのが楽しくなるのでしょう。

ぼくはダンスが好きです。ぼくの「得意技」です。この本のダンスを保育者の方々の「得意技」の引き出しの1つに付け加えていただけたらと思っております！　子どもたちと、また保育者同士でもお楽しみください。

プロフィール 千葉県の幼稚園に4年間勤務し、2004年より八王子市の保育園に勤務しながらオフィスたにぞうのインストラクターを始める。毎月、保育園、幼稚園の保育者を対象にした「福田りゅうぞうダンス同好会」を主催。そのほか、たにぞうのCD、キングレコード、コロムビアミュージックエンタテインメント振り付けなど幅広く活動中。

目次

ぼくの おひさまパワー

園で出会うたくさんの友達といっしょに、元気よく歌って踊りましょう。
子どもたちのエネルギーの源になる歌を紹介します。

振り付け 笠井ちひろ

前奏

その場で
足踏みをします。

1番

1 おひさまのしたにたって

両手はパーにしたまま、両腕を伸ばして縮めてを右、左と交互に2回繰り返します。

2 りょうてをひろげてみれば

右の手足を右に出し、次に左の手足を左に出します。両手でひざを2回タッチして、次に両手を空へ大きく広げます。

3 ほらほら おひさまパワーが ぼくの

1 と同様にします。

4 からだにながれる きみの

両手をグーにして右·左·真ん中の順に、かいぐりをします。
次に両手両足を大きく広げます。

5 パワー（イェイ） ぼくのパワー（イェイ） みんなの

体を小さくして、そこから勢いよく
右手を突き上げ、左足を上げます。
反対側も同様にします。

6 パワーがあつまれば きみの

両手を前で交差させ、下から上へ大きく回して
ガッツポーズ。これを2回繰り返します。

7 パワー（イェイ） ぼくのパワー（イェイ） ほら

5と同様にします。

8 せかいが うごきだしている

手のひらを下にして、両手を広げ、
ジャンプをしながらその場で1周回
ります。

9 きっと

「♪きっ」に合わせて手拍子を2回。

「♪と」で左手はガッツポーズ、
右手は空へ突き上げます。

10 せかいをかえて いくんだ　きみの

9のポーズのまま右足
で右に4歩ケンケン。次
に手足を逆にして、左に
4歩ケンケンします。

11 おひさまパワー

右手をおひさまに向かって大きく広げ、次に左手を上げます。両手を内側に大きく回し、砲丸投げのポーズ。

12 《イェイ》*

右手を空に高く突き上げ、左足を上げて勢いよくポーズを決めます。

間奏

その場で
足踏みをします。

2番

だいちのうえにたって
りょうあしひろげてみれば
ほらほらだいちのパワーが
ぼくのからだにながれる
きみのパワー（イェイ）
ぼくのパワー（イェイ）
みんなのパワーがあつまれば
きみのパワー（イェイ）
ぼくのパワー（イェイ）
ほらせかいがうごきだしている
きっとせかいをかえていくんだ
きみのだいちのパワー《イェイ》*

1番の 1 から 12 と同様にします。

きみのパワー（イェイ）
ぼくのパワー（イェイ）
みんなのパワーがあつまれば
きみのパワー（イェイ）
ぼくのパワー（イェイ）
ほらせかいがうごきだしている
きっとせかいをかえていくんだ
きみのおひさまパワー
ぼくのだいちのパワー《イェイ》*

1番の 5 から 11 と同様にしたあと、
11 と 12 をします。

*歌詞にはありませんが、元気よくかけ声を!

後奏

その場で
足踏みをします。

ぼくのおひさまパワー

作詞·作曲／谷口國博　編曲／本田洋一郎

C F C
きみの パワー（イェイ）ぼくの パワー（イェイ）みんな
Dm G C F
のパワーがあつまれば ー きみの パワー（イェイ）ぼくの
C D G
パワー（イェイ）ほらせ かいがうごきだし ている
G C Em Am to
きっと せかいをかえてい くーんだ きみの

1.
F G C Gsus4 G
おひさまパーワー ー
2.
F G C
だいちのパーワー ー きみの
D.S.
Coda
F G C
おひさまパーワー ー ぼくの
F G C C
だいちのパーワー ー

ハピネスカムカム

みんなでかけ声を出してリズムをとり、陽気なダンスで、心と体をほぐしていきましょう。
さあ、保育者が隊長になって、トレーニングの開始です!!

振り付け 福田りゅうぞう

1回目

1 ハピネスカムカム……（ハピネスカムカム）

前奏

ハピネス
カムカム

手のひらを床と水平にして、腕を曲げて上下させながら、その場で足踏みをします。前奏から「♪（ハピネスカムカム）」まで、繰り返します。
＊2回目、3回目はここで手の動きが変わります。

2 みぎに

♫みぎに

手の動きは②から⑧まで、①と同様にします。右に右足を1歩踏み出し、次に左足を右足にそろえます。

3 ひだりに

♪ひだりに
左へ大きく1歩

左に左足を、②のときよりも大きく1歩踏み出し、次に右足を左足にそろえます。

4 （みぎにひだりに）

②から③と同様にします。

5 まえに

前に右足を1歩踏み出し、次に左足を右足にそろえます。

6 うしろに

後ろに左足を5のときよりも大きく出して1歩下がり、次に右足を左足にそろえます。

7 （まえにうしろに）

5から6と同様にします。

8 ハピネスカムカム（ハピネスカムカム）OK!

1と同様にします。

9 （OK!）

左手は腰に当て、右手は親指と人さし指で輪を作り、右手右足を前に出して決めのポーズ!

2回目

全体 ハピネスカムカム……

間奏

手のひらを外に向け、腕を伸ばして回しながら、1回目と同じ足の動きで踊っていきます。

3回目

全体 ハピネスカムカム……

間奏

グル
グル

両手をグーにしてかいぐりをしながら、
1回目と同じ足の動きで踊っていきます。

10

後奏

キメ!!!

その場で足踏みをし、
最後に左手を腰に当て、
右手では手の甲を外側
に向けてガッツポーズ
を決めます。

ハピネスカムカム

作詞·作曲／谷口國博　編曲／本田洋一郎

♩= 130
G
「さぁみんな　きょうは楽しく　踊っちゃおうぜ！」
1.～3. ハ ピ ネ ス カ ム カム　（ハ ピ ネ ス カ ム カム）　ハ ピ ネ ス カ ム カム　（ハ ピ ネ ス カ ム カム）
み ぎ に ひ だ り に　（み ぎ に ひ だ り に）　ま え に う し ろ に　（ま え に う し ろ に）
ハ ピ ネ ス カ ム カム　（ハ ピ ネ ス カ ム カム）　O K!　(O K!)
1.2.
C
D7
3.
3
1.「よしみんな　もっとテンポをあげて！」
2.「よしみんな　胸の筋肉　使っていこうぜ！」
3.「よしみんな　よくがんばった」

かったつむり

ロカビリー調のリズムにのって、腰や手を激しく振って踊りましょう。
じゃんけんのポーズは思いっ切り楽しんで！

振り付け 榎沢りか

1

前奏

お尻を左右に振りながら、
手足を自由に動かします。

1番

2 ジャンケンで そんなにはしゃいじゃ

両手は腰に当て、両足は肩幅に開き、お尻を左右に振ります。

3 ダメダメー（ダメダメー）

お尻を振ったまま、右手の人さし指を立てて、前へ出し、左右に振ります。

4 まけてもなみだを ながしちゃダメダメー（ダメダメー）

2 と同様に動いたあと、
「♪ダメダメー」では、
左手で 3 と同様に動きます。

5 おいらはジャンケンに

ピタっと止まり、左手は腰に当て、
右手は親指を立てて、顔に向けます。

6 まけてもかったつむ

左手は腰に当て、右手はグーにして手を伸ばし、上から腕を大きく2回回します。

7 り

右手をグーのまま、左前へパンチ!

8 （かったつむり）

左手を前に出しながら、チョキを作ります。右腕の下から、左手のチョキを前に出します。

9 グー!（グー!）

右手をグーにして上へ伸ばし、両足もそろえて（足でグーのポーズ）ジャンプします。子どもたちは2回目（繰り返し）の歌詞に合わせて動き、以下同様にします。

10 チョキ!（チョキ!）

両腕を曲げて、両足を前後に広げ（足でチョキのポーズ）、ジャンプします。

11 パー!（パー!）

手をパーにして両手を上げ、両足も横に広げ（足でパーのポーズ）、ジャンプします。

12 グー!（グー!）チョキ!（チョキ!）パー!（パー!）

9から11までと同様にします。

2番

13 ジャンケンで……（かったつむり）

2から8までと同様にします。

14 まわってグー!（まわってグー!）

その場で1周走り、
9と同様のポーズで
ジャンプします。

15 まわってチョキ!（まわってチョキ!）

14とは反対回りで1周走り、
10と同様のポーズで
ジャンプします。

16 しゃがんでパー！（しゃがんでパー！）

その場でしゃがんで、11と同様のポーズでジャンプします。

17 ぐるぐるグー！（ぐるぐるグー！）

中腰になって、両手をグーにして、胸の前でかいぐりをします。

18 チョキチョキチョキ！（チョキチョキチョキ！）

両手をチョキにして、両腕を右に伸ばし、上下に動かしながら、右へ走ります。

19 パーパーパー！（パーパーパー！）

両手をパーにして、手のひらを外に向け、両腕を横に伸ばしたまま、左足で左へ3歩ケンケン。

3番

20 ジャンケンで……おいらはジャンケンにまけてもまけても

3から6までと同様にします。

21 おいらはジャンケンにまけてもまけても

左手で5から6までと同様にします。

22 おいらはジャンケンに……かったつむり

5から8までと同様にします。

23 オゥオゥオゥおいらは

手をパーにして、下に向け、体の横へ開き、そのまま1周ぐるりと歩きます。

24 かったつむり

左手は腰に当て、右手はグーにして、ゆっくり上へ突き上げながら、顔も上に。

かったつむり

作詞·作曲／谷口國博　編曲／本田洋一郎

♩= 173
12
C
ジャン ケン でそん な に は しゃい じゃダ メ ダ メ
C F7
ー (ダ メダ メ ー) ま けて もな みだ を な がし ちゃダ メ ダ メ
1.2.
C G7 F7
ー (ダ メダ メ ー) おい ら はジャンケン に ま け て も かっ た つ む
C G7 C
り (かっ た つ む り)
グー！
まわってグー！
(グー！)
(まわってグー！)
C F7 C
チョキ！
まわってチョキ！
(チョキ！)
(まわってチョキ！)
パー！
しゃがんでパー！
(パー！)
(しゃがんでパー！)
グー！
ぐるぐるグー！
C G7 F7 C G7
(グー！)
(ぐるぐるグー！)
チョキ！
チョキチョキチョキ！
(チョキ！)
(チョキチョキチョキ！)
パー！
パーパーパー！
(パー！)
(パーパーパー！)
3.
G7 F7 G7 F7
おい ら はジャンケン に ま けて もま けて も おい ら はジャン ケン に ま けて もま けて も
G7 F7 C
♩= 80
C
おいら はジャン ケン に ま けて もかっ たつ む り かっ たつ む り オゥオゥ
D7 G7 C
オゥ おいら は ーー かっ た つむりー

こんなプール
あるわけない

たくさんの動物たちがつぎつぎとプールへやって来ます。
「♪ポチャン」などの歌詞とダンスで盛り上がり、最後はユーモアたっぷりにポーズ！

振り付け 笠井ちひろ

1 かえるがプールへポチャン（ポチャン）

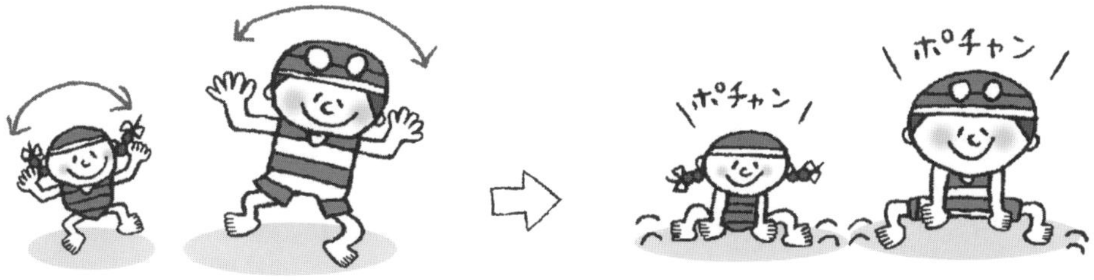

両手を顔の横で広げてカエルのポーズをし、両足のひざを2回曲げ伸ばししてリズムをとり、体を左右に揺らします。

「♪ポチャン」で軽く飛び跳ね、両手を下にしてしゃがみます。子どもは2回目（繰り返し）の歌詞に合わせて追いかけてまねをしていきましょう。

2 へびがプールへスルッ（スルッ）

しゃがんだままの姿勢で、両手両足を合わせ、手をヘビのように左右に動かします。

「♪スルッ」で両手を上に伸ばし、立ち上がります。

3 かもめもプールへ バサッ（バサッ）

両腕を羽ばたくように上下に動かしながら、左右にジャンプ。

「♪バサッ」で広げた両手を勢いよく体の横につけます。

4 ダチョウもプールへ ドサッ（ドサッ）

右手でくちばしを、左手で尾を作り、右手はつつくように小刻みに前へ出しながら、体を前後に揺らします。

「♪ドサッ」で両足を前後に広げてジャンプします。

5 ライオンもプールへ ガォー（ガォー）

両手は手のひらを前にパー。顔の前で両手を交差させ、上に向かって開き、両腕のひじを曲げます。

「♪ガォー」で右足を一歩踏み出し、両腕を上下に動かします。

6 キリンもプールへ シャキン（シャキン）

両腕を上へ伸ばして、両手は重ねてキリンの顔を作ります。両足を前後に開いて、左足を少し上げてバランスをとります。

「♪シャキン」で左手は下に、右手は上に伸ばし、同時に左足を床に着けずに浮かせたまま、後ろに向けてピンと伸ばします。

7 ゾウさんもプールへ ドボン（ドボン）

左手は腰に当て、右腕でゾウの鼻を作って左右に揺らしつつ、上半身も大きく揺らして、ゆっくり足踏みをします。

「♪ドボン」で、右腕を大きく回します。

8 クジラもプールへ バシャン（バシャン）

頭の上に両手を上げ、両手の手首を合わせて両手を開いて、クジラの潮吹きを作り、体を左右に揺らします。

「♪バシャン」で潮が飛び出すように両手を上へ上げて広げ、両足は開きます。

9 いんせきもプールへ ドカン（ドカン）

「♪いんせきもプールへ」で子どもをだっこします。

「♪ドカン」で子どもを抱き上げて上へ下へ、高い高いをします。

10 こんなプールあるわけ ない（ない）

顔の前で右手、左手の順に交差させ、バツのポーズ。

「♪ない」で首を横に倒してかしげながら、両腕を頭の上に上げ、手先を頭に当てます。

こんなプールあるわけない

作詞·作曲／谷口國博　編曲／本田洋一郎

夏の虫は

暑い日ざしのなかにいるときも、夕暮れのときも、夏の虫たちは歌っています。きょうはどんな虫たちの歌が聞こえるかな？　虫の歌を踊って楽しもう。

振り付け 榎沢りか

1

前奏
（4小節）

大人と子どもで向かい合って立ちます。子どもが大人をまねて遊べるよう、リードしていきましょう。

1回目

2 ミンミンゼミ

右手はパーにして右耳の横に出し、次に左手もパーにして、左耳の横に出します。

3 ミーンミン

2人の両手の手のひらを2回合わせます。

4 クマゼミ

両手を合わせたまま、内から外へ半円を描くように動かし、外から内へ戻します。

5 シャーシャー

両手を合わせたまま、外から内へグルッと回します。

6 ヒグラシ

両手でひざを2回タッチします。

7 カーナカナ

右手は右ほほに、左手は右ひじの下に置き、ほおづえをつくポーズ。次に反対の手で同様にポーズします。

8 なつのむしは

両手はパーに、手のひらを前にして顔の前で交差させ、内から外へ大きく回して、手を下に下ろします。

9 よくうたう

「♪よく」で、両手でひざをタッチ、「♪うた」で、胸の前で両手をたたき、「♪う」で、2人の両手の手のひらを合わせます。

10

間奏

(4小節)

両腕を体の横に、手は羽ばたくようにパタパタさせながら、向かい合ったままグルッと1周回ります。

2回目

11 ミンミンゼミ……よくうたう

2から9と同様にします。

12

後奏

(4小節)

10と同じポーズで、飛ぶまねをしながら走ります。最後は2人で抱き合いましょう。

夏の虫は

作詞／谷口國博　作曲･編曲／本田洋一郎

となりのだいくさん

職人技にはどこかリズムがあります。だいくさんもきっとお気に入りのラジオを聞きながら働いているはず！　リズムに乗って、のこぎり、壁塗り、材木運び。ごいっしょに、“踊るだいくさん”で汗をかいて、夏バテ解消!!

振り付け 福田りゅうぞう

1番

1 となりの

まっすぐに立ち、「♪り」で上半身を右にひねりながら前に倒します。このとき左手は額に添え（手の下からのぞくポーズ）、右手はパーにして甲を背中に添えます。

「♪の」で体を起こして正面を向き、両手両足を広げて立ちます。

2 だいく

①の動きを左方向で行います。

3 さんは　きょう

①から②までと同様にします。

4 も　ラジオに

ギターを持つまねをした後、すごく激しく弾いているみたいに右腕をグルグル回します。「♪に」でピタッと止まります。

5 のって はたらいて

体を前後に傾けながら、激しくギターを弾くまねをします。

6 いる　きょうのラジオは

激しくギターを弾くまねをしながら、その場で一周し、「気をつけ」の姿勢で止まります。

7 ロックンロール

♪ロックン
♪ロール

右足に体重をかけて腰を落とし、両手を腰の高さでグーにして右･左･右･左と動かします（両手にのこぎりを持ち、動かしているイメージで）。

8 きょうのラジオは

♪きょ
♪うの

左足に体重を移し、両手は⑦の動きを続けます。

9 ロックンロール ……ロックンロール

⑦と⑧の動きを繰り返し、最後の「♪ロックンロール」のあと、「気をつけ」の姿勢で止まります。

2番

10 となりの ……きょうのラジオは

①から⑥と同様にします。

11 パラパラ

♪パラ
♪パラ

右手の手のひらを顔の横で正面に向け、「♪パラ」「♪パラ」に合わせて円を描くように回します（壁塗りのイメージで）。足は最初の「♪パラ」で右に1歩踏み出し、次の「♪パラ」で左足を右足にそろえます。次に、同じ動きを左方向で行います。

12 きょうのラジオは ……パラパラ

⑪の動きを繰り返し、最後の「♪パラパラ」のあと、「気をつけ」の姿勢で止まります。

3番

13 となりの ……きょうのラジオは

①から⑥と同様にします。

14 みんようだね

「♪みんようだ」でしゃがみ、「♪ね」で立ち上がりながら、右腕で角材を担ぐしぐさをします。左腕は胸の高さでまっすぐに伸ばします。

15 みんようだね きょうのラジオは

角材を担ぐしぐさのまま、「♪みんようだね」で、すり足で右へ2歩進みます。左を向き、「♪きょうのラジオは」で、すり足で左へ2歩進みます。

16 みんようだ

角材を担ぐしぐさのまま、「♪みん」の前で右足を1歩前に踏み出し、「♪ようだ」で左足を右足にそろえます。

17 ね

16の要領で後ろに戻ったあと、「気をつけ」の姿勢で止まります。

4番

18 となりの ……きょうのラジオは

1から6までと同様にします。

19 ロシアみんよう ロシアみんよう きょ

最初の8拍で両隣の人と手をつないで円になり、次の8拍はその場でかけ足をします。

20 うのラジオは ……ロシアみんよう

円になったまま、「両足ぞろえ」「もも上げ（右足）」「両足ぞろえ」「キック（右足）」をします。この動きを片足ずつ交互に繰り返します。

21 ちゃんとはたらいている ヘイ!

20の動きを続けながら、次第に中央に集まり、小さな円になっていきます。「♪ヘイ!」で、片足立ちのままクルッと後ろを振り返り、グラグラしないで決めのポーズ!

となりのだいくさん

作詞／谷口國博　作曲･編曲／本田洋一郎

アオイソラ

簡単なステップを組み合わせたダンスです。
秋晴れの下で踊れば、澄み切った空のように、すがすがしい気持ちになるでしょう。

振り付け 榎沢りか

1番

① うれしかったこと

両手を体の後ろで組んでまっすぐに立ちます。
「♪かったこ」で右足のかかとを1歩右へ踏み出し、「♪と」で左足を右足にそろえます。

② たのしかったこと

①と同様の動作を左方向で行います。

③ ぜんぶきみに はなしてたら

①から②までと同様にします。

④ きゅうに ぼくのこころは かるくなって ぼくのこころは あおいそら

両手を体の後ろで組んだまま、両足でかかとを上げ下げする動作(「♪きゅうに」で上げ、「♪ぼく」で下ろすタイミングで)を8回繰り返します。

5 かなしかったこと

「♪かなし」で右ひざを曲げてキックの準備をし、「♪かっ」で前にけります。
「♪たこ」で右足を戻すと同時に背伸びをし、「♪と」でかかとを下ろします。
両手は体の後ろで組んだままにします。

6 きのうあったこと

5と同様の動作を左方向で行います。

7 ぜんぶ きみにはなしてたら

5から6までと同様にします。

8 きゅうに ぼくのこころは かるくなって ぼくのこころは あおいそら

4と同様にします。

9 きみのこころに

両手を体の後ろで組んだまま、「♪き」で右足を前に出してかかとで地面にタッチし、「♪み」は右足のかかとで右横の地面にタッチします。「♪のこ」で足を元に戻します。「♪ころに」は同じ動作を左足で行います。

10 そらがある ひろくてやさしい

⑨の動作を2回繰り返します。

11 かぜがふいている

両腕を、地面と水平になるように真横に伸ばし、右足から6歩でその場を一周します。

12 これからさきのこと…… ぼくのこころはあおいそら

①から④までと同様にします。

13 きみのこころは あおいそら

両足でかかとの上げ下げを繰り返します。両手はパーにして、「♪こころは」で右手を、「♪あおいそ」で左手を、それぞれ胸に当てます。「♪ら」は両手を胸に当てたまま、かかとの上げ下げを続けます。

14 みあげてみれば あおいそら

両足でかかとの上げ下げを続けながら、「♪てみれば」で右手を、「♪あおいそ」で左手を、それぞれパーにして上に上げます。「♪ら」で両手を上げたまま1回うなずき、最後はかかとを下ろして青空を見上げるように顔を上へ向けます。

アオイソラ

作詞·作曲／谷口國博　編曲／本田洋一郎

ママのコロッケ

子どもたちの好物、コロッケをテーマにした楽しい曲です。
「宇宙人もびっくり!?」するくらいおいしいコロッケは、いったいどんな味かな？
イメージを膨らませながら、元気よく踊ろう!

振り付け 笠井ちひろ

前奏（16拍）

足を肩幅に開いて立ち、両手を頭の上で組みます。リズムに合わせて、両腕と腰を時計と反対回りに回し（4拍ごとに1回転する速さで2回回したあと、2拍ごとに1回転する速さで3回回します）、最後の2拍は「気をつけ」の姿勢で止まります。

1番

1 まちにまった ばんごはんは　ママの

両手を組み、2拍ごとに顔の右横→左横→右横→左横と、交互に振ります。足は、ひざを軽く曲げ、両手を右に振るときはひざが左を向き、左に振るときはひざが右に向くようにします。

2 じまんのコロッケ

体をやや右に向けて左手を腰に添え、右手は手のひらを下にして前に伸ばします。ひざでリズムを取りながら、最初の4拍で右手を地面と水平に回します（手のひらでコロッケにソースを塗るイメージ）。次の4拍は体をやや左に向け、同じ動作を反対の手で行います。

3 あげたての ホカホカコロッケ ソースぬりましょう

1から 2までと同様にします。

4 ひとくちたべたら

足を大きく開いて腰を落とし、左手を腰に添えます。右手を顔の横でパーにし、最初の4拍で時計回りに回しながら右下へ下ろします。次の4拍で、下ろした右手を1拍ごとに上へ動かすと同時に、右足で足踏みをします。

5 ひとくちたべたら

4の動作を左の手足で行います。

6 ぐるぐる　ぐるぐる

足を閉じて立ち、「♪ぐるぐる」で腰を振りながら、胸の前でかいぐりをします。次の「♪ぐるぐる」はジャンプして後ろを向き、同様に腰を振りながらかいぐりをします。

7 くちのなかは　まるでうちゅう

後ろ向きのまま、左足の前に右足を交差させて立ち、両手は斜め下に下ろします。

左足を軸にゆっくりと左回りに回転しながら、両手は、大きな円を描くように頭の上へと動かします。

正面を向いたら、両手で顔を隠します。

8 ハッ　フッ　ホッ

左手を腰に添え、「♪ハッ」でパーにした右手を左方向に振り下ろし（手のひらが地面と垂直になる向きで）、「♪フッ」で右方向に振り下ろします。「♪ホッ」は右手を顔の横でパーにし、右ひざを上げます。

9 うちゅうじんも

両手を顔の横でパーにし、左右に小刻みに揺らします。同時に首も左右に小刻みに揺らします。足は「♪うちゅ」で右足を1歩右に踏み出し、「♪うじんも」で左足を右足にそろえます。

10 びっくり

両手と首は⑨と同様にし、足は⑨の動作を反対方向で行います。

11 ママのコロッケ

左右の手にそれぞれコロッケを持ち、「♪ママの」で右手のコロッケを、「♪コロッケ」で左手のコロッケを食べるしぐさをします。次に、右足を前に1歩踏み出して左ひざを地面に着け、「立てひざ」の姿勢で両手を上に上げます。

間奏

（16拍）
前奏と同様にします。

2番

12 UFO のかたちなんだよ……ママのコロッケ

①から⑪までと同様にします。

13 うちゅうじんもびつくり……ママのコロッケ

⑨から⑩までと同様にしたあと、⑪の動作を3回繰り返します。

後奏

（48拍）
最初の16 拍で⑨から⑩までの動作を2 回繰り返し、次の16 拍は、⑨から⑩までの動作をスローで（4 拍で1 歩動く速さで）1 回行います。最後の16 拍は、⑪の動作をスローで（ひとつの動作を4 拍ごとに行う速さで）1 回行います。

ママのコロッケ

作詞·作曲／谷口國博　編曲／本田洋一郎

嵐のカウボーイ

**じゃんけんを盛り込んだ、覚えやすいダンスがポイント。
西部劇風の音楽に合わせて踊ります。
負けちゃった人も後ろにくっついていっしょに踊り続けます！
合い言葉は「おれの後ろについてこい！」**

振り付け 福田りゅうぞう

前奏

右のひざを立ててしゃがみ、左手は腰に添え、右手で帽子を押さえます（帽子をかぶっていなければ、帽子を押さえるまねをします）。

1 カウボーイ　カウボーイ　あらしのカウボーイ

馬が駆けるように両足で跳ねながら、両手で手綱を引くしぐさをし、自由に移動します。

2 おれの

相手を見つけて向き合います。両手を右方向に伸ばし、人さし指を立てて、ツンツンと動かします。

3 なまえを

2 の動作を、両手を左方向に伸ばして行います。

4 しってる

2 の動作を、両手を前方に伸ばして行います。

5 か

両手を顔の横でグーにし、親指を立てます。手首を内側に倒して、指先で自分をさします。

6 おれのうわさをしってるか

2から5と同様にします。

7 おれはあらしのカウボーイ

左手は腰に添え、右手は高く上げて、投げ縄を振り回すように、腕をぐるぐると回します。

8 カウボーイが

♪カウ
♪ボーイが

「♪カウ」で、右手で帽子を押さえます。「♪ボーイが」で、右足を1歩前に踏み出し、上半身を前に傾けます。

9 ジャンケンポン

前傾姿勢のまま、相手とじゃんけんをします。

10 「おれのうしろについてこい!」(せりふ)

ついてこい!

じゃんけんに勝った人は、親指を立てて後ろをさし、かっこよくポーズを決めます。負けた人は、勝った人の後ろにつきます。

11

2回目以降は、じゃんけんに勝った人を先頭にした列になって踊り、じゃんけんは列の先頭の人同士で行います。自由に繰り返し、長い列を作って遊びましょう。

♪嵐のカウボーイ

作詞・作曲／谷口國博　編曲／本田洋一郎

♩= 140
＊自由に繰り返す
Cm Cm B♭ A♭ B♭ Cm A♭ B♭ E♭ B♭ E♭ A♭ B♭ Cm A♭ B♭ Cm
カウ　ボーイ　カウ　ボーイー
あらしのー　カウ　ボーイ　ー　おれのなまえを
しってるか　おれのうわさをしってるか　おれはあらしの
カウ　ボーイー　カウ　ボーイが　ジャンケンポン　ー
to Φ
Φ Coda
「おれのうしろに　ついてこい!」　カウ
「おれのうしろに　ついてこい!」

ナイショノハナシ

「ナイショノハナシ」がしたくてたまらない男の子と、聞きたくてウズウズしている女の子…。そんな光景をかわいらしいダンスで表現します。友達とペアになって、ワルツふうの音楽に合わせて、楽しく踊りましょう！

振り付け 笠井ちひろ

1番

① ナイショノハナシ

右手と左手の人さし指を口もとに交互に当てながら（「シーッ」のポーズ）、右へ2歩進みます。

② なんだけど

①と同様にします。

③ うちのパパはね

左手は腰に当て、右手の親指を立てて自分をさすと同時に、右足のかかとで床にトンとタッチします。「♪ね」で右手を腰に当てます。

④ ナイショノハナシ なんだけど ほんとうなんだ

①から③までの動作を反対方向で行います。

5 なになにその

スカートのすそを両手で持つしぐさをしながら、バレリーナのようにつま先立ちをして、小刻みに右へ進みます。

6 はなし

両手を同時に耳もとに当てて、聞くしぐさをします。

7 きになっちゃう

その場でおしりを振りながら、どうしても話が聞きたい様子でジタバタしたあと、ピタッと動作をやめて止まります。

8 じゃない

7と同様にします。

9 なになに そのはなし

5から6までの動作を反対方向で行います。

10 おしえてちょうだい

2人で向かい合って、両手をつなぎます。

11 わたしのくちは

2人で両手をつないだまま、左右に4回、ゆらゆらと揺らします。

12 かたいことで　たいこばんばん

つないだ両手を離さずに、そのまま半回転して背中合わせになります。

13 このまえきいた

背中合わせで両手をつないだまま、11の要領で、両手を左右に4回大きく揺らします。

14 ナイショノハナシ

つないだ両手を離さずに、12と逆の要領で、背中合わせの状態から半回転して向かい合います。

15 せりふ「おしえてあげるから おしえて!」

両手をつないだまま、見つめ合って、互いにおねだりするような表情でウインクします。

16 2番 ココダケノハナシ なんだけど …このまえきいた ココダケノハナシ

1から14までと同様にします。

17 わたしのくちは …このまえきいた ナイショノハナシ

11から14までと同様にします。

18 おしえてあげるから

女の子は後ろから男の子の肩をつかみ、「♪ら」で男の子の顔をのぞき込みます。

ナイショノハナシ

作詞／谷口國博　作曲･編曲／本田洋一郎

おにのじまん

もうすぐ節分。強〜いおにの自慢は「トラのパンツ」なんだって。そんなパンツをはいたら、みんなも強くなれるかも？　実際に衣装を作って踊れば、気分も盛り上がります。

振り付け 榎沢りか

前奏

両手を腰に当て、両足を開いて立ちます。

1番

1 おにのじまんはいつも

人さし指を立てた右手を、ひじを中心にぐるっと回します。

「♪いつも」で、指先を4回振りながら、ひざではリズムをとります。左手は腰に当てたままにしておきます。

2 トラのパンツさ

1の動作を左方向で行います。

3 どこでかったか

左手は腰に当て、右手はおでこにかざして（なにかを探しているように）、右足を1歩外に踏み出します。「♪かったか」で右足を左足にそろえ、両手を腰に当てます。

4 しらないけど

3の動作を左方向で行います。

5 トラのパンツさ

3から4までと同様にします。

6 あのパンツはいた

パンツをはくしぐさをします（かがんで両手でパンツを持ち、「♪パンツ」でパンツを腰まで上げると同時に、両足をパッと開きます。「♪はいた」はそのままの姿勢で止まります）。

7 だけで

腰を左右に振ります。

8 （だけで）

7と同様にします。

9 おにはつよくなる

両手をグーにして顔の両外側へ回し、ガッツポーズをします。ガッツポーズのまま、腰を左右に2 回振ります。

10 ぼくもあの トラのパンツ

ガッツポーズをしていた右手をぐるっと回し、親指を立てて自分をさします。左手でも同様にします。

11 さがしに

左手は腰に当て、右手はおでこにかざします。上半身を左から右へ大きく動かし、のぞいて探しているようなしぐさをします。

12 ゆこう

右手を顔の横でグーにし、「♪う」で上に伸ばすと同時にジャンプします。左手は軽く握って胸の辺りに構えます。

間奏

足踏みをしながら歩き回り、最後の拍で、両手を腰に当てて止まります。

2番

13 まちでいちばんおおきな…ぼくはヒーロー

1から9と同様にします。

14 あかおにと　かたをならべて

♪あかおにと
♪かたをならべて

右手→左手の順に、隣の友達の肩に手を置いて、肩を組みます。

15 まちをあるこう

友達と肩を組んだまま、右→左→右→左と体を揺らします。

間奏

友達の肩から手を離し、足踏みをしながら歩き回ります。最後の拍で、両手を腰に当てて止まります。

16 ぼくのじまんは きょうは
トラのパンツさ
きのうデパートで
みつけた
トラのパンツさ
このパンツ はいただけで
ぼくはつよくなる
よわむしのぼくは きょうで
さよならなんだ

1から12と同様にします。

17 このパンツ はいただけで
ぼくは つよくなる
よわむしのぼくは きょうで
さよならなんだ

6から12と同様にします。

おにのじまん

作詞・作曲／谷口國博　編曲／本田洋一郎

ひとりで畑を

1人が2人に、2人が4人に……とだんだんと仲間が増えていくダンスです。
2番、3番、4番と、歌のテンポが速くなります。
元気な子も恥ずかしがりやさんも、仲間と手をつないでいっしょに踊りましょ!

振り付け 福田りゅうぞう

1番

1 ひとりではたけを たがやして

両手でシャベルを持ち、土を掘るようなしぐさをしながら右方向へ進みます。

2 ひとりでたねを まいたならば

1 の動作を左方向で行います。

3 はるになれば

やや前かがみの姿勢になり、両手で顔の前につぼみの形を作ります。

4 きれいな

つぼみが開いて花が咲くように、両手を外側へ開きます。

5 はなが

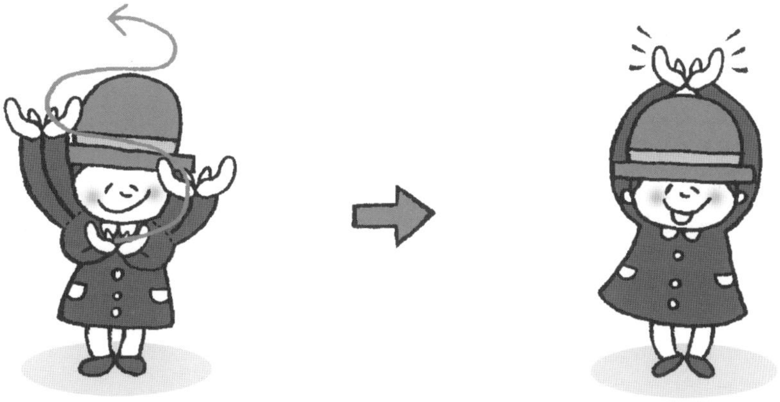

両手で作った花をゆらゆらと揺らしながら、顔の前から頭の上まで動かします。

6 このはたけにひろがる

5の最後の体勢のまま、つま先立ちでその場を一周します。

7 はずさ

バレエの決めポーズのように、両腕を外側に大きく開き、右足のかかとを床に着けて、止まります。

8 でもひとりはさみしいから ともだちでもさそってみよう

右手の人さし指を立て、左手は腰に当てます。右手を前後にチョンチョンと動かし、両足ではステップを踏みながら、ペアになる相手を探して自由に動きます。

9 ララ……ラララララ

手のひらを下にして、両手を広げ、ジャンプをしながらその場で1周回ります。

2番

10 ふたりではたけを たがやして

9 でペアになった相手と横に並んで、1 と同様にします。

11 ふたりでたねを……はずさ

9 でペアになった相手と横に並んで、2 から 7 までと同様にします。

12 でもふたりはさみしいから ともだちでもさそってみよう

ペアになっていた相手とバラバラになって、8 と同様にします。

13 ララ……ラララララ

新しい相手を見つけてペアになったら、もう1組のペアとくっついて4人で輪を作り、9 と同様にします。

3番以降

14

「♪○○にん（5番は「♪みんな」）ではたけを……はずさ」までは、輪になっていた友達と横一列に並んで踊り、「♪でも……みよう（5番は「♪ララ……ラララ」）」は、それぞれバラバラになって相手を探しに行きます。最後の「♪ララ……ラララ」は、3番は8人、4番は16人、5番はクラス全員で輪を作って回りましょう。

ひとりで畑を

作詞･作曲／谷口國博　編曲／本田洋一郎

ねこじゃらし

**たまにはのんびりもいいものですよね。
ゆったりした気分で歌いながら、体の力を抜いて、「脱力ダンス」。
ネコになりきって踊りましょう！　心も体もリラックス！**

振り付け 福田りゅうぞう

1番

1 たまには

両手をネコの前足のようにグーにして手首を前後に動かしながら、右に2歩動きます。

2 のんびりと

1と同様の動作を左方向で行います。

3 となりのねこみたいに

手の形はそのままで顔の高さにし、右に2歩動きます。

4 なってさ ベランダに　すわって そらでもながめてみる

3と同様の動作を左方向で行います。

5 つまらない　できごとや しらなくてもいい できごとは しらんぷり　するのさ ねこだったらわからない

1から4の動作を繰り返します。

6 ひるは　こうえんの　ベンチで

右手をてのひらを下にして前に出し、左手を重ね、右手、左手と重ねていきます。

⑦ ごろねして

ひじから先を上下素早く入れ替えながら、しゃがんで立ちます。

⑧ よるはふらふら まちにでていく

⑥⑦と同様の動作を右方向で行います。

⑨ のんびり　いこうよ

ボックスステップを踏みながら、腕を招き猫のように右、左と立てます。

⑩ いそいだって しょうがない のんびりいこうよ

⑨と同様にします。

⑪ かぜにふかれて

右手を顔の横にし、ゆらゆらと揺らします。

⑫ ねこじゃら

左手も顔の横に立てて、同様に揺らします。

⑬ し

3本の指を出して、手を交差させてネコのひげのようにします。

⑭ 2番

①から⑬の動作を繰り返します。

ねこじゃらし

作詞／谷口國博　作曲・編曲／本田洋一郎

♩= 127
E　E7　A　A♯dim7　B　E
E　E7　A
1. た　まに　は　の　ん　びり　とー　と　な　り　のね　こみ　たい　に
2. た　まに　は　の　ん　びり　とー　ね　こ　ろ　んで　ほし　をー　な
A7　E　E　E♭ D　C♯7
な　って　さー　べ　ラン　ダに　す　わっ　てー　そ　ら
が　めて　さー　い　まま　での　じ　ぶん　をー　た　く
F♯7　B7　E
で　も　なが　めて　み　る　つ　まら　ない　で
さ　ん　ーほ　めて　み　る　た　のし　かっ　た
E7　A　A7
き　ごと　や　し　ら　な　くて　もい　いー　で　き　ごと　はー
こ　ーと　も　つ　ら　く　てな　みだ　なが　し　た　こと　もー
E　E　E♭ D　C♯7　F♯7　B7
し　らん　ぷり　す　るの　さー　ね　こ　だっ　た　ら　わ　から　な
お　もい　でに　な　るの　さー　ほ　ら　ゆう　き　が　わ　いて　く
E　E7　A　A
い　ひる　はこ　うえん　の　ベ　ン　チで　ごろ　ね
る　たっ　たい　ちど　の　じん　せい　なん　だ

E E A
して ー
から ー
よるはふらふら
すきなことーぜ
A B7 E
ーまちにでていくー
んぶーやってみるー
のんびりー
のんびりー
E7 A A7
いこうよー
いこうよー
いそいだってしょうがないー
くらべたってしょうがないー
E E E♭ D C♯7 F♯7 B7
to Coda
のんびりー いこうよーかぜにふかれてねこじゃら
のんびりー いこうよーかぜにふかれてねこじゃら
1.
E E E E♭ D C♯7 F♯7 B7 E
し
2.
E
し
D.S.
Coda
F♯7 B7 E
ふかれてねこじゃらし かぜに
F♯7 B7 E F♯7 B7
ふかれてねこじゃらし かぜにふかれてねこじゃら
E E7 A A♯dim7 B7 E
し

あしたがやってくる！

子どもたちは、なんにでも一生懸命。もちろん遊ぶのも一生懸命。
そんな子どもたちの一生懸命が詰まった曲です。
みんなで歌いながら踊りましょう。ダンスも歌も「ぜんりょく」です

振り付け 福田りゅうぞう　榎沢りか

前奏 ヤンヤヤンヤ ヤンヤヤンヤ

両手を前後に振りながら、右足から足踏みをします。ⓑまで続けます。

1番

1 みぎにまがって

右手のひらをパーにして、外→内→外に手を振り、腰に戻します。

2 ひだりにまがって

①を左手で同様にします。

3 さかを のぼったら

両手をパーにして、上へあげ、右→左→右→左に手を振ります。

4 こうえん

両手を振りながらだんだん下におろしていきます。

5 みぎにまがって…こうえん

1から4の動作を繰り返します。

6 まいにちまいにちあそぶけど

両手を胸の前で曲げて右を向き、左足を下げます。このとき、腕を引いてリズムに合わせて2回動かします。左足を戻して前向きになり、両手でガッツポーズを2回します。左向きで同様の動きを行い、足を戻して前向きでガッツポーズを2回します。

7 まいにちなにかがかわってる

6と同様にします。

8 はっぱのいろも

両手のひらをくるっと外に回して手のひらを上向きにしてひじを曲げます。次に右足を一歩出しながら重心を移動します。

9 かぜのいろも

8の動作を左方向で行います。

10 きのうとちがう

8同様、手のひらを上へ向けたら、両手をそのまま上へ持ち上げます。このとき、右ひざを上げます。

11 きょうはきょうだけ

10と同様にし、左ひざを上げます。

12 （チャチャチャチャチャチャ！）

手のひらを上向きにし、ひじを曲げ伸ばししながら右回りにぐるっと一周します。

13 ぜんりょくで はしってみるのさ

右手で下向きにパンチしながら、足はパーに開きます。右手を上向きにパンチしながら足を閉じます。「みるのさ」で右手を上下させながら右方向へジャンプを4回します。

14 ぜんりょくで ジャンプするのさ

13 の動作を左手で同様にし、ジャンプは左に4回します。

15 ぜんりょくで なかまとあそべば

13 と同様にし、ジャンプはその場で4回します。

16 またすぐに あしたがやってくる

13 のパンチを下→上→下→上と繰り返します。足をパーに開きながら、右腕を体の前でぐるっと一周させ、上から胸の前へグーにして下ろしてきます。

間奏 ヤンヤヤンヤ ヤンヤヤンヤ

前奏と同じ動きをします。

2番

17 みぎにまがって ひだりにまがって …あしたがやってくる

1 から 16 までを繰り返します。

18 みぎにまがって ひだりにまがって さかをのぼったら こうえん

1 から 4 の動作を繰り返します。

後奏 ヤンヤヤンヤ ヤンヤヤンヤ

前奏と同じ動きをします。

19 （ジャン！）

右手のひらをパーにし、上にあげ、足を開いてポーズを決めます。

あしたがやってくる!

作詞·作曲／谷口國博　編曲／本田洋一郎

♩=115
C
F
B♭
C
ヤン ヤヤンー ヤ
ヤン ヤヤンー ヤ
F
Dm
B♭
C
1. み ぎ に ま がっ て ひ だ り に ま がっ て さ か を の ぼ っ た ら
2. み ぎ に ま がっ て ひ だ り に ま がっ て さ か を の ぼ っ た ら
F
Dm
こ う え ん ー み ぎ に ま がっ て ひ だ り に ま がっ て
こ う え ん ー み ぎ に ま がっ て ひ だ り に ま がっ て

B♭ C F C F
さかをのぼったら こうえんー まいにちまいにち
さかをのぼったら こうえんー はるなつあきふゆ
Dm B♭ C F
あそぶけど まいにちなにかが かわってる は
あるけれど まいにちなにかが うごいてる つ
B♭ A Dm B♭
っぱのいろも かぜのいろも きのうとちがう
きのかたちも そらのいろも きのうとちがう

B♭ C B
きょうはきょーうだけー (チャチャチャチャ)ぜんりょ
きょうはきょーうだけー (チャチャチャチャ)ぜんりょ
B♭ A Dm B♭ A
くではしって みるのさーぜんりょく でジャーンプ
くくでさがして みるのさーぜんりょく でころんで
くではしって みるのさーぜんりょく でジャーンプ
Dm F B♭ A Dm Dm/C
するのさーぜんりょく でなかまと あそべばーまたす
みるのさーぜんりょくく ででおいかけ あてみればーまたす
するのさーぜんりょく でなかまと あそべばーまたす

B♭
to
C
1.
F
ぐ に ー あ し た が や っ て く る ヤン ヤヤンー ヤ
ぐ に ー あ し た が や っ て く る
ぐ に ー あ
B♭
C
2.
F
C
B
ヤン ヤヤンー ヤ
ぜ ん りょ
D.S.
Coda
C
F
Dm
B♭
C
し た が や っ て く る み ぎ に ま が っ て ひ だ り に ま が っ て さ か を の ぼ っ た ら

F
Dm
こ う え ん ー
み ぎ に ま がっ て ひ
だ り に ま がっ て
1.
2.
B♭
C
F
F
さ か を の ぼ っ た ら
こ う え ん ー
こ う え ん ー
F
B♭
C
F
ヤン ヤヤンー ヤ
ヤン ヤヤンー ヤ

著者紹介

谷口國博

東京都の保育園に５年間勤務した後、フリーの創作あそび作家に。全国の保育園や幼稚園での講習会、親子コンサートなどで活躍中。『はしれ！ジャイアント！』（オフィスたにぞう）、『たにぞうの手あわせあそびおねがいします』（チャイルド本社）、絵本『スダジイのなつ』（ひさかたチャイルド）ほか、著書やＣＤなど多数。ＮＨＫ教育テレビ「あさだ！からだ！」担当。「おかあさんといっしょ」楽曲提供。

表紙・本文デザイン◆竹内玲子
本文イラスト◆matsu（マツモト　ナオコ）
楽譜制作◆クラフトーン
ＣＤ制作◆キングレコード株式会社
編集協力◆青木美加子
楽譜校正◆高松紫音
編集担当◆石山哲郎　飯島玉江

たにぞうの ぼくの おひさまパワー CD Book

2009年7月　初版第1刷発行
2022年1月　　　第5刷発行

著者／谷口國博　©KUNIHIRO TANIGUCHI 2009
発行人／大橋 潤
発行所／株式会社チャイルド本社
〒112-8512　東京都文京区小石川5-24-21
電話：03-3813-2141（営業）　03-3813-9445（編集）
振替：00100-4-38410
〈日本音楽著作権協会　（出）許諾第0907212-105号〉
印刷・製本／図書印刷株式会社
ISBN／978-4-8054-0147-7
NDC376　26×21cm　64P

［チャイルド本社ホームページアドレス］
https://www.childbook.co.jp/